La collection Quai n° 5
est dirigée par Tristan Malavoy-Racine.

Faire violence

Sylvain David

Faire violence

roman

QUAI
No
5

Catalogage avant publication de Bibliothèque et Archives nationales du Québec et Bibliothèque et Archives Canada

David, Sylvain, 1972-
Faire violence
(Quai n° 5)
ISBN 978-2-89261-801-3
I. Titre.
PS8607.A774F34 2013   C843'.6   C2013-941562-9
PS9607.A774F34 2013

Les Éditions XYZ bénéficient du soutien financier des institutions suivantes pour leurs activités d'édition :
– Conseil des arts du Canada ;
– Gouvernement du Canada par l'entremise du Fonds du livre du Canada (FLC) ;
– Société de développement des entreprises culturelles du Québec (SODEC) ;
– Gouvernement du Québec par l'entremise du programme de crédit d'impôt pour l'édition de livres.

Édition : Tristan Malavoy-Racine
Révision linguistique : Michel Rudel-Tessier
Correction d'épreuves : Élaine Parisien
Conception typographique et montage : Édiscript enr.
Conception et graphisme de la couverture : David Drummond
[salamanderhill.com]
Photographie de l'auteur : Jorge Camarotti

ISBN version imprimée : 978-2-89261-801-3
ISBN version numérique (PDF) : 978-2-89261-802-0
ISBN version numérique (ePub) : 978-2-89261-803-7

Dépôt légal : 3ᵉ trimestre 2013
Bibliothèque et Archives nationales du Québec
Bibliothèque et Archives Canada

Diffusion/distribution au Canada :
Distribution HMH
1815, avenue De Lorimier
Montréal (Québec) H2K 3W6
www.distributionhmh.com

Diffusion/distribution en Europe :
Librairie du Québec/DNM
30, rue Gay-Lussac
75005 Paris, FRANCE
www.librairieduquebec.fr

Imprimé au Canada

www.quaino5.com

Le guerrier est voué à la solitude, à ce combat douteux qui ne le conduit qu'à la mort.

PIERRE CLASTRES

I

SORTIR

Passer la porte à l'heure dite. Se retrouver dans la rue.

Ne pas traîner ou discuter. Emboîter le pas à ceux en marche. L'action à venir seule importe.

Dernières lueurs du jour, bientôt la nuit. S'attirer des regards soupçonneux. Tâcher de faire semblant de rien, comme toujours. Mais en vain. Cortège improvisé aux mauvaises intentions apparentes.

Trop apparentes.

Se hâter de quitter le terrain connu. Jardins proprets, vies rangées, façades savamment entretenues. Se perdre dans l'obscurité croissante.

Trouver refuge : un surplomb dissimulé. Végétation sauvage, muret friable, déchets épars qui s'amoncellent.

Mettre en commun le matériel possédé. À l'abri des témoins, des indiscrétions. Moyens de fortune. Qui vont délimiter le champ des opérations. Déterminer le cours de la soirée.

Choisir des cibles. Des objectifs récurrents, reconnus pour leur valeur symbolique. Et des défis nouveaux, élus pour la beauté du geste. Penser avec stratégie.

Se déployer. Occuper diverses positions. Quadriller l'espace.

S'agréger pleinement à la dynamique du groupe. Épouser le mouvement. Se fondre dans l'action.

Oublier ses peurs, ses réticences. Ne plus pouvoir reculer.

Voir s'ouvrir une infinité de possibles.

ERRANCES URBAINES

Ennui adolescent. Désœuvrement.

Sortir, marcher. Plus ou moins au hasard.

Errer. Se projeter dans des existences plus excitantes, pétries d'aventure.

Ne rien vraiment savoir de ces vies parallèles. Changeantes. Hautement irréelles. Fantasmer à partir d'éléments épars retenus çà et là.

Ne pas se rendre où l'on pourrait être attendu. Toujours donner le change. S'esquiver, prendre le large.

Préférer les lieux discrets, en retrait, où l'on ne croise personne. S'inspirer du décor. Élaborer des scénarios invraisemblables. Y figurer comme héros.

Privilégier un contact direct avec la nature. Eau, pierre, végétation... ou, du moins, ce qu'il en reste en milieu urbain. Sentir une énergie particulière émaner de ces zones de l'entre-deux.

Observer de loin l'agitation ambiante. Prendre son repli volontaire pour un signe d'élection du destin. Se tirer ainsi dans le pied. Avant même d'avoir commencé.

Bref, fuir.

Dans les marges, dans l'imaginaire, dans sa tête.

Et pire, se fuir.

AGIR

Poser un engin fumigène.

Chuintement de la combustion sans flamme. Odeur âcre qui prend à la gorge.

Profiter quelques instants du spectacle. Épaisses volutes grises. L'horizon s'obscurcit. Progressivement. Faire disparaître le monde tel qu'il est : bon tour de prestidigitateur, de révolutionnaire.

Déjà on s'émeut dans le brouillard. De bons citoyens, troublés dans leur somnolence, fulminent. Dénoncent. Des sirènes se font entendre au loin.

Temps de s'esquiver. Repli stratégique vers les hauteurs : se mettre à l'abri. Mais sans se priver du plaisir de contempler l'agitation.

Sentier étroit, à l'abandon. Branches qui obligent à se courber. À courir penché. L'écran de fumée couvre les traces.

À l'abri d'un sommet, se repaître à nouveau du tableau.

En bas, des véhicules d'urgence s'agglutinent. Les représentants de l'autorité s'animent. Tentent de remonter à la source du désordre. Malin plaisir causé par la disproportion entre le peu de moyens déployés et l'ampleur de l'appareillage convoqué pour y répondre.

Aveu implicite de peur, d'insécurité. Preuve que l'action directe marque les esprits.

Mais le nuage sombre se dissipe. Ne reste bientôt plus que le crépitement lumineux des gyrophares. Séquence régulière, envoûtante.

La situation paraît désormais sous contrôle. Tranquille retour à la normale.

Avoir pourtant pris goût au plaisir d'entraver l'ordre des choses. Au pouvoir ressenti de mobiliser des inconnus par les conséquences de ses actions. Par le chaos à contenir.

Vague déception. Retombée de tension.

Tout est à recommencer.

LE PARC DES SUICIDÉS

Soir de congé. Chambre douillette d'une maison cossue. Contempler par la fenêtre les hordes barbares qui défilent.

À l'intérieur, traces esthétiques de la révolution. Disques appris par cœur à force d'être passés en boucle. Livres aux slogans recopiés, répétés, à défaut d'être compris. Photos, affiches, films aux figures soigneusement étudiées, émulées, reproduites.

Copie conforme des signes de la révolte.

À l'extérieur, charme ténébreux du parc des suicidés. Y évoluent des êtres aux préoccupations similaires, mais avec l'âge en plus. L'expérience. L'action qui prend le pas sur la posture et l'image.

Lieu paisible de jour, inquiétant la nuit. Par ses ombres, ses absences.

Longue allée qui paraît ne mener nulle part. Balisée par les trouées blanches de ses réverbères dans la noirceur ambiante.

Ponctuellement y passent de petits groupes de guerriers.

Spectacle impressionnant à voir, bien planqué derrière sa fenêtre.

Saisissant par l'aura de force que dégagent les uniformes, les accessoires de la guérilla urbaine. Bottes, blousons de cuir ou d'aviation, capuches, casquettes, cannes, matraques…

Imposant, aussi, par le flux des factions qui défilent. Parfois, le chemin demeure de longs instants désert. Mais, toujours, une nouvelle bande surgit, relance le mouvement.

Frappant enfin – et surtout – du fait que la destination ultime des marcheurs, quelque part au fond du parc, demeure inconnue. La teneur ultime de la soirée est occultée. Et dès lors sujette à spéculation. Fascinante.

Croisés dans le réel, dans la vie de tous les jours, ces combattants susciteraient assurément la peur. Pousseraient à se dissimuler. À changer de trottoir.

Mais ici, contemplés comme ballet nocturne à la finalité imprécise, indéfinie, ils portent à l'identification.

Les accompagner en pensée dans leur périple nocturne. Vivre avec eux ses propres aventures. Par procuration. Souhaiter un jour être comme eux.

Vouloir à son tour se perdre dans l'infini.

MÉTACHAOS (I)

Qu'est-ce que la violence ?

Ou plutôt, qu'est-ce que la violence radicale ? Ces actes apparemment gratuits. Plus révoltés que véritablement révolutionnaires. Qui s'en prennent moins aux personnes physiques qu'aux objets et symboles de l'ordre établi.

Il s'agit avant tout d'une forme de libération. D'une volonté de s'émanciper des règles de conduite habituelles. De rompre avec la monotonie ambiante. De surmonter la stagnation dans laquelle paraît s'enliser l'existence.

Un désir de vivre, aussi. Plus intensément. De prendre des risques. De s'exposer. De sentir enfin quelque chose.

Cette libération est induite par une paradoxale fascination. Pour la violence maniée par d'autres d'abord, à cause de la ténébreuse puissance qu'ils en viennent ainsi à dégager. Mais aussi pour la force qu'on apprend soi-même à manier, et la canalisation qu'elle permet de son malaise, de sa haine.

À défaut de pouvoir accéder à un ailleurs, on fracasse le présent, l'existant. Systématiquement.

Hostilité diffuse envers le monde tel qu'il va.

La violence apparaît ainsi comme une puissance négative, mais salutaire. Qui permet de forcer le destin. De fissurer l'ordre des choses. D'ouvrir une brèche momentanée dans une existence par ailleurs rangée, régulée.

On s'en sert dès lors pour marquer un territoire. Pour se réapproprier, ne serait-ce que temporairement, un lieu à soi.

L'espace urbain se métamorphose, par le fait même, en un vaste terrain de jeu.

II

TRAVESTIR

Structure étendue de béton. Géographie abstraite. Univers entièrement artificiel. Impression de grandeur décalée. De perspective faussée. D'étrangeté généralisée.

Marquer les murs de sa présence.

Phrases idiotes, slogans provocateurs, pensées politiques… Emblèmes de révolte aisément reconnaissables pour les initiés.

Texture rugueuse des surfaces non polies. La peinture en jet se moule au relief, coule, fuit dans les anfractuosités.

Gouttes et traînées qui trahissent l'inexpérience, et pourtant contribuent à l'effet général. Paradoxale esthétique.

Bien regarder autour de soi. S'assurer que personne n'est en vue. S'en donner à cœur joie.

S'exprimer. Marquer son territoire.

Peu importe la puérilité des idées formulées, la caducité des codes reproduits. Sentir un accroissement de sa présence au monde. Un influx d'existence pure.

Avoir laissé sa trace.

MISSIONS DE RECONNAISSANCE

Sorties nocturnes en terrain défendu mais, somme toute, peu dangereux. Avoir pour visée de s'entraîner aux pratiques de la clandestinité. Sans trop de risque. En préparation pour les espaces hostiles à venir.

Apprendre à se glisser par les brèches. Non plus pour fuir, mais pour infiltrer. Évoluer ni vu ni connu.

Découvrir la joie de rôder là où l'on ne doit pas être, au sein même des lieux qui conspirent à exclure. Tension constante d'être découvert, pourchassé, appréhendé. Fierté orgueilleuse de savoir manœuvrer sans laisser de traces, de se rendre indécelable, imperceptible.

Satisfaction intellectuelle de pouvoir se rendre là où le commun ne pénètre pas. Connaître désormais les zones cachées, soustraites au regard. Combler les blancs de la carte. Répertorier les sanctuaires. Se targuer d'une vue d'ensemble de son territoire.

Plaisir pervers, aussi, de voir l'envers du décor. Observer la vie privée des gens. Connaître leur intérieur. Surprendre des moments intimes, tantôt banals, parfois torrides. Prendre conscience de l'étrange rapport de force que confère le fait d'observer sans être vu. Viol symbolique. Omnipotence du regard.

Succomber parfois – de plus en plus, à vrai dire – à la tentation de manifester néanmoins sa présence par un acte ciblé. Généralement un projectile tiré de loin. Avec une fronde. Sur une baie vitrée, un projecteur, une caméra de surveillance. Vague sentiment d'émuler ainsi les *snipers*. Réminiscences de crimes mafieux, d'assassinats politiques. Destruction anonyme surgie de nulle part. Petite parodie de destin.

Et puis, disparaître.

Lumières allumées, alarmes stridentes, visages aux fenêtres. Mettre à profit la connaissance topographique développée dans les expéditions précédentes. Filer le long des interstices recensés, tirer parti des espaces communicants.

Se fondre dans la quiétude de la nuit.

La prochaine étape consisterait à se mettre réellement en danger.

À payer de sa personne.

DÉCOUVRIR

Puisard descellé. Devoir se mettre à plusieurs pour retirer la plaque de protection. Masse visqueuse et imposante. Aucune prise ou presque pour les doigts. Y parvenir néanmoins.

Abîme qui s'offre. Mystère.

Descendre un à un. Échelons d'acier encastrés dans le béton suintant. Rigoles d'humidité. Odeur de moisi. Sensation de froid.

Obscurité quasi totale, à peine trouée par le faisceau des lampes de poche. Écho étouffé de gouttes d'eau. Vague résonance des pas.

Passerelle métallique en contrebas.

Impression d'espace, d'ouverture, relayée par la dispersion du son. Intuition d'une vaste armature de poutres et de travées. Ne rien être en mesure de véritablement déceler. Percevoir des esquisses, des possibilités. Deviner le reste.

La bouche d'accès, repérable à la faible luminosité qu'elle dégage, paraît soudain bien éloignée. Crainte subite qu'elle s'obture, se referme.

La noirceur se fait oppressante, étouffante.

Vouloir tout de même explorer plus avant. Puiser sa force dans le groupe. S'encourager mutuellement.

Progresser encore un peu.

Néanmoins, ne pas pouvoir s'empêcher de porter le regard vers le haut. Vers la sortie. L'air libre.

Renoncer.

Rebrousser chemin.

Gravir lentement les échelons.

En silence.

DANS L'ARÈNE

Fins de soirée en ville. Bien arrosées. Comme toujours. Presque.

Besoin autodestructif de prouver sa valeur. À défaut du courage de s'en prendre à d'autres, se battre entre soi. Voir ça comme un entraînement.

Aboutir dans une ruelle. En bande. Loin des regards étrangers. Les garçons se prennent au jeu, commencent à se bousculer, sous le regard des filles, mi-hébétées, mi-dégoûtées.

Se pousser. Se repousser. S'empoigner. Tanguer de l'avant et de l'arrière dans un rapport de force sans cesse renégocié. Réussir pourtant à plaquer l'autre sur une clôture. Puis rebondir. Être repoussé par le grillage.

Perdre pied. Rouler par terre. En corps à corps. Se rouer de coups. Au torse. Au visage. Mais pas trop fort. Sans vraiment y croire. Comme si la proximité physique, les impacts survenaient trop tôt. Constituaient une étape trop rapidement franchie.

Se dégager. Reprendre ses distances. Retrouver son assurance, son agressivité. Se balancer à la tête tout ce qui tombe sous la main. Rebuts. Débris. Plus ou moins gros. Plus ou moins durs. Et, bientôt, des poubelles entières. Projetées à bout de bras. Dans des gestes à l'emphase spectaculaire. Et un fracas qui impressionne tout autant.

Ne jamais véritablement s'atteindre. Plus un objet est gros, plus il est lent. Et, dès lors, facile à éviter. Ainsi mettre à sac la ruelle. Complètement. Vaste dégât de poubelles éventrées, de contenus disséminés.

Reprendre momentanément son souffle. Constater les ravages. Rire spontanément aux éclats, toute tension subitement volatilisée.

Prendre peur néanmoins. S'enfuir en courant.

Les filles suivent.

PASSAGE À VIDE (I)

Errance sous le pont.

Poutres d'acier. Socles de pierre et de béton. Structure métallique imposante, menaçante. Mais déjà usée. Vaste monstre qui surplombe une réalité ternie.

À hauteur d'homme, quelques pavillons résidentiels oubliés. Une construction municipale incongrue datant d'une autre époque. Des vestiges d'une prison plus anciens encore.

Et, au sommet, hors de vue, le flux incessant du trafic qui entre et sort de la ville. Grondements, vibrations, chaleur, fumée. Activité importante, mais qui transcende la scène et l'ignore.

Nette impression d'écrasement. Les véhicules en transit foncent vers leur devenir sur une masse figée, inerte. Qui elle-même recouvre et oblitère les singularités du passé.

Le pont est le sédiment d'un temps stratifié. Il soutient le présent de son armature complexe. Même si personne ne se soucie plus de son ampleur. Ou des nuances de sa constitution.

Voir cela du dessous, parmi les scories.

Rêver de la geôle et de sa sombre histoire. Saluer mentalement ses fusillés célèbres.

Imaginer une intrigue sombre et asociale, nimbée de mystère et de complots, à partir du curieux bâtiment victorien. Ardemment espérer qu'il contienne d'énormes machines à vapeur, aux mécanismes et engrenages démesurés. Juste contrepartie de la stagnation ambiante.

Plaindre les résidants des rares logements à demeurer en place. Qui ont peut-être su naguère résister à l'éviction. Mais n'en sont pas moins passés à la trappe urbaine.

Chercher à échapper au sentiment d'oppression ambiant. Se diriger inconsciemment vers l'horizon ouvert.

Faire face au fleuve. Eau noire, opaque, assurément froide. Peu accueillante. Lumières festives qui brillent au loin et se reflètent sur les flots.

Courant apparent. Impression de mouvement. Brève sérénité.

Sentir la nécessité de faire quelque chose. De se prendre en main. D'agir. De canaliser l'énergie forte qui émane de partout et d'en faire une arme offensive.

Besoin d'un sens. D'une finalité.

III

.

ÉBLOUIR

Avenue déserte. Aménagement paysager élégant. Présence régulière, symétrique, de carrés de verdure, de bacs à fleurs, d'arbres, de bancs.

Et de poubelles publiques.

Les enflammer systématiquement sur son passage.

Joie de voir le feu jaillir.

Satisfaction perverse de les voir brûler dans la nuit. Rangée de paniers-flambeaux. Haie d'honneur pour un conquérant invisible.

Mince ligne de fumée noire, très dense, qui monte droit au ciel. Odeur désagréable d'incendie chimique.

Certaines structures de bois s'embrasent à leur tour. Crépitement malsain dans le silence et les ténèbres.

Fascination profonde, collective, pour les flammes. Pour les esprits qui dorment en elles. Pour les forces ataviques qu'elles semblent convoquer, concentrer, libérer.

Les contempler. S'y perdre.

À l'horizon, les premiers foyers se consument déjà. Teintes orangées du brasier qui se muent en incandescence écarlate.

Mais la braise n'est pas extinction. Elle clignote, respire. Ne fait que concentrer la combustion.

FRAPPE PONCTUELLE

S'approprier parfois un lieu privé. Réservé au plaisir exclusif de certains.

Le faire sien pour quelques heures. Généralement nocturnes.

Agir de manière plus ludique que combative. Revendication paradoxale : par le loisir.

Mais la fête s'emporte. Se fait remarquer. Et s'interrompt.

Faisceau de projecteurs. Voix amplifiée, métallique. Qui ordonne de ne plus bouger.

Faire le contraire. Évidemment. S'esquiver. Encore.

Moment de bonheur, d'abandon. Puis la fuite. Contraste brutal. Désespérant.

Se précipiter vers le premier recoin en vue. Vers l'obscurité. Mais le terrain est ouvert. Ses secrets, ignorés. Ses anfractuosités, moins connues… Plus difficile, dans ces conditions, de semer ses poursuivants.

Ne reste plus alors qu'à courir.

Courir.

Cavaler pour tenter d'échapper à la meute motorisée qui traque les fuyards. Impitoyablement.

Emprunter au hasard des bifurcations. Faire perdre sa trace. Se scinder en petits groupes… Qu'au moins certains s'en tirent.

Ne jamais rester seul. Pour se donner du courage. Mais aussi par précaution. Qu'il y ait toujours un témoin de son sort éventuel aux mains des poursuivants.

Finir en comité réduit. Trouver refuge dans un trou d'obscurité. Noirceur propice.

Observer les forces de l'ordre quadriller le secteur. À distance suffisante pour ne pas être en danger immédiat.

Les voir tourner en rond, se lasser rapidement, abandonner la battue.

Sortir précautionneusement dans le silence et la nuit.

Se féliciter de l'avoir, une fois de plus, échappé belle.

ASSAILLIR

Investir un nouveau sommet. Assembler une catapulte de fortune. Pilonner en toute quiétude la ville endormie.

Léger bruissement du vent. Feuilles qui s'agitent doucement. Lune blanche et éclatante. Ciel dégagé.

Troubler la sérénité nocturne.

Ne viser que des structures matérielles. Voitures, commerces, institutions.

Récupérer comme projectiles des objets existants. Lourds, de préférence. Quitte à les modifier un peu. Pour faire croire à un accident. Ou à un improbable hasard.

Ne jamais revendiquer ses forfaits. Semer la confusion, mais surtout le doute.

Préparer une première masse. Travail d'équipe pour armer l'engin.

Prendre pour cible une tour d'habitation vitrée. Simplement parce qu'elle est là. Parce que sa froide architecture moderne fait injure au paysage.

Beauté de la courbe que trace la charge lancée dans le ciel noir. Sa trajectoire paraît ralentie, suspendue, dans un décor immobile. Mais s'approche néanmoins de son objectif. Inexorablement.

Et le rate.

Puis ricoche sur un talus, rebondit au sol, pour se perdre au loin, dans l'obscurité.

La tour, tous feux éteints, demeure stoïque, indifférente.

Aucune déception, cependant, tant l'arabesque aérienne a été pure, élégante.

Balancer une seconde charge.

Celle-ci atteint son but. Claque contre une paroi. Qu'elle fissure. Fracture. Puis s'échoue sur le pavé, en contrebas. Fait résonner les profondeurs.

Le fracas est assourdissant. Même à distance. La terre tremble.

Sensation d'omnipotence, de mainmise sur les éléments.

Une alarme se déclenche, des lumières s'allument. Certains résidants hébétés, somnolents, sortent dans la nuit en robe de chambre.

Mieux vaut ne pas traîner inutilement dans les environs.

LA RÉPRESSION À VENIR

Ciel bleu. Route de terre en apparence coupée du monde. Peupliers au garde-à-vous. Impression générale de sérénité. De se trouver loin de l'agitation habituelle.

Ambuler dans une insouciance complète.

Vague poudroiement au loin. Qui peu à peu se précise. Une voiture des forces de l'ordre se profile à l'horizon. Spectacle incongru au sein de cet abandon bucolique.

La silhouette se découpe, se démultiplie. Il s'agit non pas d'un, mais de deux, de plusieurs véhicules. Lesquels, imperturbables, avancent. Ce qui pouvait à l'origine passer pour un élément isolé, pittoresque, revêt subitement une dimension inquiétante.

Progresser néanmoins de son côté. Contribuant à son tour à combler l'écart. Le tout selon le rythme lent qu'impose ce type de chemin. Sensation de face-à-face au ralenti, de suspense croissant.

Trop tard pour obliquer, pour faire demi-tour. Risque de paraître suspect, de s'attirer inutilement des ennuis. Seule option possible : aller de l'avant. Fatalement. À la rencontre des intrus.

Marcher. Sans entrain.

Se croiser, enfin. Confrontation somme toute préférable à l'attente.

Longue file de véhicules aux formes variées. De couleur identique. D'une propreté égale, légèrement atténuée par la poussière ambiante. Conduits par des individus étonnamment similaires. Raides. Le regard fixe.

Incongruité d'un tel défilé en cet endroit perdu. Manifestement l'application d'un plan de contention du désordre. D'un usage stratégique du détour. Pour surgir inopinément. Éventuellement à rebours. Et ainsi causer d'autant plus de ravages.

Malaise croissant à mesure que se succèdent les voitures. Que s'impose leur finalité. Le convoi fait figure de prémonition. D'aperçu concret de la répression à venir. Projection ténébreuse d'un futur proche. Imminent.

L'instinct hurle de faire volte-face. De filer le plus rapidement possible. Pour devancer les forces de l'ordre. Remonter jusqu'à leur cible en sursis. Prévenir de leur arrivée. Dénouer les fils du destin qui se noue.

Mais la raison rappelle l'inutilité du geste. La moindre action suspecte serait entravée. Sans délai. Sans états d'âme. On ne provoque pas impunément un convoi de miliciens. Toute résistance ne leur offrirait qu'une victime de plus.

La situation paraît bloquée, verrouillée. Même si la conscience s'insurge… Les voitures continuent à défiler. Chacune apporte une bouffée supplémentaire d'angoisse.

Et soudain, c'est fini. La colonne est passée. La tension retombe. La file de véhicules rétrécit déjà à l'horizon.

Demeurer en tête-à-tête avec soi-même. Incapable de décider si, en se préservant pour des actions futures, on a été habile. Ou simplement lâche.

Vague honte de soi.

MÉTACHAOS (II)

La violence peut également se faire riposte. Sa cible tend alors à dévier. Délaissant les structures et les objets, elle s'en prend directement aux représentants de l'oppression, à leur toute-puissance apparente.

Il s'agit alors de s'imposer, de compenser sa propre vulnérabilité. Plus on se sent piégé ou acculé, plus la réaction risque d'être extrême.

De ce point de vue, la violence fait figure de réponse à une agression préalable. S'inscrit dans un cycle de surenchère et d'escalade.

Elle peut aussi, suivant cette logique, se donner pour visée la réparation de torts passés. Une telle perspective permet d'initier les hostilités tout en conservant le rôle, éthiquement supérieur, de la victime.

Une telle violence réactive n'a pas à être ciblée, cohérente. Bien au contraire. Une action gratuite, incompréhensible, s'avère une plus grande menace pour le système. Lequel peine à la récupérer, à cause de son opacité, dans sa rhétorique habituelle.

Cette inquiétante agressivité revêt, d'une part, une fonction stratégique de dévoilement. En forçant la main du pouvoir, en l'obligeant à riposter aux provocations, la violence asociale pousse la répression à se manifester ouvertement. Souvent sous le regard ébahi des passants ou des médias. La force sur laquelle repose l'ordre établi, habituellement dissimulée, se fait alors visible, transparente.

Appeler sur soi la violence légitimée constitue ainsi un paradoxal triomphe, une manière habile de déstabiliser les structures en place.

D'autre part, la gratuité de la violence marginale, négative, a pour effet d'empêcher la constitution de ces éclats de rage épars en action politique concertée, organisée. Et donc récupérable par les instances officielles, accréditées. Fussent-elles animées des meilleures intentions.

Le désordre absolu, intégral, demeure étranger à l'exercice de tout pouvoir. À l'émergence de la moindre forme d'autorité.

Ce qui n'est pas à sa place – ou pire, qui ne renvoie pas à une catégorie prédéterminée – introduit un déséquilibre. Se fait facteur de dysfonctionnement. Enraye une machine sociale par ailleurs efficace, bien rodée.

Dès lors, être contre n'a plus une valeur stricte-ment oppositionnelle, mais émerge comme action pure. Entière. Autonome. Souveraine.

IV

DÉTRUIRE (I)

Infiltrer une institution. Pénétrer au cœur de la bête.

Édifice de brique administrative. Facture hideuse et désuète. Reliquat d'une période de prospérité et de foi en l'avenir.

Stationnement désert. Accès secondaires verrouillés. Seule l'entrée principale brille d'une froide lumière de néon.

Déjouer la surveillance. Ramper. Dans l'angle mort du poste de garde. Sous le nez des agents en présence. Progresser coude par coude. Au ralenti. Ne surtout pas se trahir par un geste subit.

Tuiles de plancher en teintes de beige, d'orange et de brun. Disposition apparemment aléatoire. Effet de mosaïque.

Calme plat des préposés. Vautrés dans la routine. Égarés dans la télévision pour oublier qu'il ne se passe jamais rien. Froide détermination des reptiles malfaisants qui frétillent à leurs pieds.

La patience requise fait monter la tension. Couler la sueur. Nécessaire maîtrise de soi qui se muera sous peu en une frénésie de destruction.

Obstacle enfin franchi. Ne pas relâcher pour autant sa vigilance. Avancer encore un peu.

Atteindre un atrium aux banquettes encastrées, circulaires. Palette à dominante ocre. Peinture qui se lézarde. Taches d'humidité au plafond.

Lentement se relever, s'étirer. Reprendre du mouvement. Se glisser furtivement vers l'intérieur.

Longs couloirs vides. Portes déverrouillées.

Sentiment d'impunité totale.

POUSSE-AU-CRIME

Volonté de passer enfin à l'acte. De prouver sa valeur. En tandem.

Quartier résidentiel. En milieu de soirée. Quelques rares passants. Rues excentrées. Lieu idéal pour s'exercer sur une victime. Isolée.

Uniforme de rigueur. Bottes, blouson, capuchon. De quoi dégager une impression de sauvagerie, de force brute.

Et surtout, arme de poing. Unique. Pas forcément fonctionnelle. Mais suffisamment menaçante pour intimider.

Pouvoir inédit à tester sur un passant égaré.

Avenues tortueuses aux courbes et replis improbables. Véritable labyrinthe. S'y engager. D'un pas ferme.

Marcher un moment au pied des maisons endormies. Personne à l'horizon. Le défi n'en paraît que plus grand. Se convaincre mutuellement de la grandeur de l'action entreprise. Voir dans l'errance un prélude obligatoire à la chasse.

Silhouette en vue. Individu banal qui rentre tard.

L'observer de loin. Peser le pour et le contre. Évaluer les risque de l'opération. Penser stratégie et technique.

Et le voilà disparu déjà.

Prise potentielle qui s'échappe faute d'avoir saisi l'occasion. Se dire qu'il s'agit là d'un coup d'essai. Que tout se passera bien la fois suivante.

Rôder encore un moment dans les rues tortueuses. Dans le silence et la nuit.

Quidam qui se manifeste au loin. Autre victime éventuelle. D'apparence tout aussi ordinaire.

Se mettre à le suivre d'emblée, cette fois. En agrippant nerveusement la masse métallique de l'arme. Ne pas le serrer de trop près. Ne pas révéler sa présence. Se convaincre d'être des éclaireurs sioux sur une piste.

Ne jamais pour autant s'interroger sur l'étape subséquente. Sur le braquage en soi. Et, dès lors, ne pas savoir comment procéder.

Traquer longuement sa proie. Jusqu'à ce qu'elle débouche sur une voie commerciale, passante, éclairée, animée.

Encore raté.

Se replier sur le quartier dortoir. Recommencer à errer. Tour de piste supplémentaire.

Troisième cible dans la ligne de mire. Citoyen lambda. Une fois encore.

Discuter d'abord des gestes à faire. Le suivre ensuite. De loin, initialement. Puis de plus près.

Sentir qu'il est temps de lancer l'assaut. Se regarder pour trouver le courage d'intervenir. Mais aussi pour laisser l'autre initier l'attaque. Tenter de se refiler mutuellement l'arme. Vaste palabre muette derrière la victime qui ne se doute de rien.

Et qui continue à marcher.

Alors que personne ne se décide à agir.

Prendre conscience du ridicule de la situation. Bifurquer sur une rue secondaire. Tenter de sauver collectivement la face. Soldats perdus aux manœuvres défaillantes.

La cible désormais délaissée, toujours aussi insouciante, poursuit tranquillement son chemin.

Marcher encore.

Toujours en rond.

DÉTRUIRE (II)

Tout fracasser. S'en donner à cœur joie.

Démonter chaque élément en place. Procéder systématiquement. Œuvrer à plusieurs pour les gros morceaux.

Craquement chaud du bois. Claquement sec du plastique. Résonance modulée – tantôt sourde, tantôt brillante – du métal. Tintement des vitrines. Appel d'air des néons et des écrans cathodiques.

Prendre goût au son produit par la matière qui explose. Vouloir reproduire infiniment ce plaisir. Gagner en technique. En efficacité. Maîtrise progressive de la violence.

Amoncellement de débris. Les piétiner. Y sauter à pieds joints. Les disséminer à coups de bottes.

Lorsque s'épuise la matière première, passer à un autre local. Recommencer, récidiver.

Ne pas se soucier du vacarme causé. Avoir tort.

Croiser une ronde de sécurité sur les étages. Uniformes bleus et noirs qui tranchent sur le blanc du couloir.

Se figer momentanément.

Vague de panique. Sueurs froides. Nécessité impérative de regagner la seule issue disponible.

Courir. Éperdument.

Avantage de l'habitude, de l'entraînement. Poursuivants maladroits, essoufflés. Vite distanciés.

Influx d'adrénaline. Euphorie du danger qui remonte à la surface.

Cavaler. Toujours.

Sortie qui se profile enfin. S'y engouffrer. Sous les regards stupéfaits des gardiens. Lesquels actionnent en hâte le verrouillage des portes.

S'aplatir, en bout de course, contre la surface vitrée. Qui ondule sous le choc. Mais tient bon.

La souricière se referme.

Être pris au piège.

PERTE DE SOI

Marcher, courir, pédaler. Passer son énergie dans un entraînement solitaire. Faute de mieux. En attendant la suite de choses.

Se concentrer sur ses gestes. Trouver son rythme. Se couper du monde.

Évacuer de son esprit les choses courantes, communes. Se laisser porter par des rêves… Par des choses à accomplir, des projets à venir.

L'ampleur de l'effort n'a d'égale que l'intensité des visions mobilisées.

Persévérer. Ne pas relâcher la tension. Peu à peu, même les images mentales se dissipent, s'évaporent. Ne reste plus que la mécanique inconsciente du corps.

Se fondre pleinement dans le mouvement. Dans la résistance, la difficulté.

Disparaître en soi.

ÉCONDUIRE

Bureau exigu au mobilier usé, daté. Pas de fenêtre. Accumulation d'objets hétéroclites, manifestement au rebut, sur de longues étagères métalliques. Vague odeur de tabac. Sentiment général d'inconfort.

Interrogatoire.

« Pourquoi ? »

« Pourquoi ceci ? Pourquoi cela ? »

« Pourquoi détruire ? Pourquoi haïr ? Pourquoi tant de violence ? »

Ne pas répondre. Jouer les innocents.

« Pourquoi prendre tant de risques ? Pourquoi choisir volontairement l'exclusion, la marge ? »

Ne pas crâner. Ne pas revendiquer. Ne pas insulter. Ne pas exacerber.

Se murer dans le silence. Jouer la carte de l'indifférence.

« Pourquoi ce constant défi de l'autorité ? Pourquoi tourner le dos à la société ? »

Ne pas réagir. Ignorer l'incompréhension, la bêtise. Ne pas provoquer inutilement un surcroît de répression.

Faire comme si de rien n'était. Toujours.

« Pourquoi ne pas consacrer plutôt son énergie à un projet constructif ? Pourquoi cette fascination malsaine pour le désordre, le chaos ? »

Que dire…

V

POINT DE FUITE

J'aime boire les soirs de semaine. Il n'y a presque personne dans les bars. On peut y rêvasser à son aise. Et surtout, chaque verre conserve un caractère impromptu, spontané.

L'ivresse prévue, programmée, comme elle se pratique souvent le week-end, s'avère généralement déplaisante. Beaucoup se projettent des jours à l'avance dans la fête à venir, en imaginent l'extase, les promesses de libération puis, le moment venu, s'efforcent désespérément d'être à la hauteur du plaisir escompté, quitte pour cela à cumuler les consommations et se dissoudre dans une apathie absente, avec un mal de tête assuré le lendemain, sans pour autant s'être véritablement amusés.

À l'inverse, le petit verre de semaine est habituellement improvisé et se veut, du moins à l'origine, unique. Si l'on choisit subséquemment d'en prendre un second… voire un troisième, et ainsi de suite, ce sera toujours après une négociation ponctuelle avec soi-même, négociation où la volonté faiblit, certes, à mesure que la soirée avance, mais où chaque commande passée au comptoir s'impose comme une éphémère part de liberté arrachée au destin. Et si, après un tel dérapage improvisé, on risque tout autant la gueule de bois, au moins ne la regrette-t-on pas, y voyant au contraire le prix à payer pour une paradoxale forme d'affirmation personnelle.

■

Car il n'est pas toujours facile de ne croire en rien.

C'est, d'une certaine manière, le cas de bien des gens. La plupart compensent toutefois ce manque, le subliment par une foi indéfectible en ce qu'ils font. Le travail, la famille, les goûts et les plaisirs leur tiennent lieu de projet ; ils confèrent un sens, si ténu soit-il, à leur existence.

De ce point de vue, la société actuelle est assurément celle du paraître. Mais aussi, et surtout, celle du faire. L'individu fonctionnel est intégré, il se justifie face aux autres par ses accomplissements, par le rôle qu'il tient dans l'ensemble, et pour lequel il s'imagine nécessaire, irremplaçable.

Mais quand on n'adhère vraiment à rien, il s'avère difficile d'accomplir quoi que ce soit. Bien sûr, on tente d'en tirer une certaine fierté, un fragile statut de sage qui aurait volontairement tourné le dos à l'illusion ambiante. S'impose néanmoins une impression de vide, découlant de l'impossibilité de légitimer son existence, si ce n'est sa simple présence, selon les critères en vigueur.

En résulte une incapacité à supporter la majorité des gens. Tout particulièrement ceux qui causent d'eux-mêmes avec assurance. Et s'imaginent que leur propos est pertinent et intéressant pour leur entourage.

◼

Plus insidieusement, l'incapacité à s'investir dans la moindre croyance – et l'inaction qui en découle – pousse à se replier sur soi. À se fondre dans sa propre intériorité.

Reste un buveur solitaire, désœuvré, ressassant confusément des souvenirs, perdu dans le tourbillon de ses pensées.

◼

Il n'est guère aisé de fouiller sa mémoire.

Loin de constituer un univers plein, entier, dans lequel on pourrait évoluer à sa guise, les réminiscences se présentent habituellement à l'esprit sous forme de bribes, de flashs. On reconnaît les visages, les événements et les lieux sans forcément bénéficier d'un portrait d'ensemble. Ne reste qu'une mosaïque éclatée d'impressions et de sensations.

Le besoin est grand d'organiser ces scories du passé pour s'expliquer à soi-même. Tâcher de mieux se comprendre. Mais ces aperçus partiels de ce que l'on a été ne se laissent habituellement pas enfermer dans une séquence cohérente. La mémoire refuse de former récit.

Difficile, dès lors, de se raconter, de se donner à voir dans une évolution continue. Ne ressortent, ne s'imposent que des moments clés. Et c'est à la logique ou à l'imagination de combler les trous.

■

Souvent, ce ne sont pas les instants les plus déterminants de sa vie qui s'ancrent le mieux dans le souvenir, ce ne sont pas eux que la mémoire restitue avec facilité, mais bien ceux qu'on a vécus le plus intensément.

Les moments reconnus, officiels, tels qu'ils se voient colligés dans une biographie ou une nécrologie, comptent moins pour l'être intérieur que l'empreinte hautement personnelle, subjective laissée par des visions ou des événements secondaires… qui auraient pu paraître banals à d'autres. On se crée certes par l'expérience, mais aussi – et peut-être davantage – par la sensation.

Or, toutes les données sensibles ne participent pas également à la constitution de soi. Les émotions ou les impressions les plus fortes suscitent un maximum de rémanence et perdurent dans l'esprit plus longuement que les autres. Se replonger dans ses souvenirs, revenir sur son passé, équivaut à investir ces zones d'intensité, à se concentrer sur leur distant, bien que persistant, rayonnement.

Il peut alors, dans un moment de désœuvrement ou d'abandon, être tentant d'établir sa biographie intérieure clandestine. Non pas rapporter ses faits et gestes visibles, ennuyeux de convention et de banalité, mais recenser ces étoiles sombres qui brillent en soi – ces foyers d'incandescence désormais disparus ou éteints, dont l'éclat demeure perceptible de loin – pour tenter d'y voir d'éventuels motifs, d'hypothétiques constellations.

■

L'alcool atténue l'angoisse et libère l'esprit. Son effet refoule les nuages noirs intérieurs et permet de divaguer à son aise. Mais il tend aussi à émousser la perception. Trop convoquer ses souvenirs par son entremise risque de les atténuer, d'en figer la charge émotive.

L'idéal serait de procéder comme les chamans ou les grands initiés : à l'origine, ils ont recours à des substances hallucinogènes pour accéder à un niveau supérieur de réalité, mais ils apprennent progressivement à s'en passer pour atteindre par eux-mêmes le fond des choses.

Il ne s'agit pas pour autant de se réfugier dans le souvenir comme dans une dimension parallèle. Le passé n'a de valeur qu'en ce qu'il informe l'actuel. Dès lors, dans ces retours sur soi, toute trace de mélancolie doit être bannie. L'urgence, c'est de sauver du naufrage mémoriel ce qui vibre encore, ce qui peut toujours servir.

Mais comment, tel un sorcier ou un magicien, raviver ces forces obscures qui sommeillent pour les mettre à son service ? Par quel artifice extraire ces scories d'intensités révolues que chacun porte en soi ? Comment leur conférer la capacité de dynamiser le présent ?

■

Une approche féconde consisterait à sonder chacun des souvenirs apparemment aléatoires qui remontent à la conscience pour en isoler la force vitale, la charge énergétique.

Ne surtout pas situer, remettre en contexte, comprendre selon une forme de logique comme l'habitude pousse à le faire. Plutôt dépouiller, réduire, élaguer le superflu pour appréhender en elle-même chaque image, chaque sensation, selon sa puissance intrinsèque. Dans une telle perspective, l'important n'est pas tant *pourquoi* on a agi que *comment* on a vibré.

Pareille démarche n'exclut pas forcément la pensée. Car une véritable idée, du type qu'on a rarement et qui s'accompagne généralement d'une illumination ou d'une prise de conscience, marque aussi viscéralement qu'un stimulus extérieur.

Le phénomène est particulièrement avéré dans le cas de la désillusion, de la pensée négative, laquelle cristallise souvent par fulgurance à la suite d'un dévoilement malheureux, mais irradie ensuite longuement de ses ténèbres quiconque est voué à la porter en soi.

■

Si chaque fragment de mémoire se voit abordé selon sa valeur propre, il ne cesse pas pour autant de rayonner, de renvoyer, au travers des divagations de l'esprit – stimulé ou non par les vapeurs de l'alcool – à d'autres souvenirs, à d'autres images, à d'autres sensations, sans que le lien soit toujours transparent ou manifeste.

Pourquoi ne pas alors suivre le cours de cette errance, baliser la trajectoire intuitive qui relie ces différents foyers d'intensité ?

Apparaîtrait ainsi en filigrane une structure articulant les données sensibles recensées. Pareille construction demeurerait évidemment illusoire et artificielle : elle ne ferait que formaliser les traces d'un périple intérieur et non pas établir des rapports de causalité. Cependant, elle n'en mettrait pas moins en évidence un mouvement, la dynamique du passage d'un état à un autre.

Ces transitions entre stases mémorielles sont en soi trop rapides pour l'entendement. Trop fugaces pour être saisies en tant que telles. Se fixerait toutefois une série d'instantanés, d'arrêts sur image – le tout bordé d'absences marquant l'étape, le saut.

Un esprit borné ou pervers pourrait éventuellement déceler une progression à l'œuvre dans ces interstices. Peut-être même y projeter une ébauche d'intrigue. Mais celle-ci demeurerait de l'ordre de l'implicite, de l'invisible.

Seuls comptent le parcours esquissé, la ligne de fuite.

■

La musique s'arrête, les lumières s'allument. La pensée se replie sur elle-même, s'égare dans des considérations oiseuses.

Ce sera bientôt l'heure de partir. Mais il reste encore quelques gorgées à terminer.

Et l'esprit repart à la dérive.

◼

Revenir sur soi.

Non pas pour reproduire ou émuler ce qu'on aura été, tâche stérile et mortifère, mais pour touiller les braises de ce qu'on aura senti ou vécu, dans l'espoir de tirer de cette incandescence la force et l'énergie d'évoluer, d'éviter le surplace.

Ne pas se renier ni se répéter. S'accompagner plutôt de ces incarnations du passé – source virtuelle de dynamisme – pour la suite de son parcours.

S'efforcer, dans l'exhumation de ses souvenirs, de demeurer hors du temps. Se cantonner sciemment dans le devenir, l'*inconjugué*. Dans l'action éternellement en cours, à accomplir. Et irréductible, dès lors, à la moindre forme de séquence ou de finalité.

De même, ne pas s'attarder aux visages, aux figures, aux individualités. Se concentrer plutôt sur les dynamiques elles-mêmes, les effets de groupe.

Réduire le décor à son immédiateté absolue. Au point où celui-ci devient presque abstrait. Insister sur les textures et les impressions. Plutôt que sur les apparences.

Demeurer au seuil minimum de la description afin de mettre l'accent sur la perception. Rapporter des mouvements. Des fluctuations de masses indistinctes dans des espaces indifférenciés.

Investir le passé tel que la mémoire le travestit. Sans craindre les transpositions ou les exagérations liées à un tel décalage.

Ne plus voir que des pics et des vallées. Des crêtes. Des dépressions.

Inflexions énergétiques, modulations d'intensité.

■

Poser son verre. Payer. Sortir.

Humer l'air frais des rues dépeuplées.

Marcher.

Se laisser porter par son cinéma intérieur.

Être déjà ailleurs.

Plus fort.

VI

COURIR

Pertes et fracas. Avoir une patrouille au train. Poursuite.

Dévaler un talus en périphérie du terrain. Filer le long d'un fossé d'écoulement tapissé de feuilles en décomposition. Glisser sur la surface visqueuse. Reprendre l'équilibre. Continuer.

Atteindre une section franchissable du mur d'enceinte. S'accrocher aux barreaux corrodés, déchaussés. Se hisser. Surmonter l'obstacle. Se laisser retomber. Dans l'obscurité. Sans savoir précisément sur quoi. Se ramasser tant bien que mal. Persévérer.

Cris derrière. Faisceaux lumineux. Agitation. Les poursuivants ne lâchent pas la piste.

Foncer droit devant au travers des arbres, des buissons, des ténèbres. Branches qui griffent le visage, les mains. Racines qui s'accrochent aux pieds, qui tentent de faire trébucher. Aller de l'avant. Malgré tout.

Peur qui pousse à courir. Forme atavique de survie. Sueurs. Souffle court. Palpitations cardiaques. Effort maximal consenti. Vitesse incarnée, intégrée. Dans le noir et la végétation. Vers l'inconnu.

Décor qui s'ouvre. Trop subitement. De manière béante.

Ciel noir. Étoilé. Vaste plaine, jusqu'à l'horizon. Mais en contrebas.

Falaise.

Trop tard pour freiner. Se voir emporté par son propre mouvement. Perdre pied.

Choir.

Fulgurante sensation de liberté totale.

Éphémère mais absolue.

Heurter le sol. Roulade intuitive. Rétablissement. Réflexes salutaires.

Silence au-dessus et derrière. Poursuivants apparemment semés.

Se lover précautionneusement le long de la paroi rocheuse. S'étonner de s'en tirer à si bon compte…

Dans l'obscurité, le gazon revêt une étonnante couleur éteinte.

ÉPIPHANIE DÉLINQUANTE

Événement contre-culturel.

Ambiance de marge, de semi-clandestinité. Impression de se retrouver enfin parmi les siens. Entre soi.

Public haut en couleur, bigarré, hétéroclite. Mais néanmoins soucieux d'un certain décorum. Codes vestimentaires et comportementaux. Importance de bien paraître, de bien agir.

Tribu naïve égarée dans la modernité.

Beaucoup sont là pour la dimension artistique, esthétique de la chose. D'autres paraissent davantage en quête de catharsis, d'un exutoire à leur rage intérieure.

Quelques-uns, enfin, cherchent un sens.

Le programme suit son cours.

Prise de parole spontanée. Par deux guerriers. Munis d'un porte-voix électrique. En tenue de combat urbain. Tout en noir. Bottes, cagoules, treillis.

Symbolique paramilitaire forte. Aspect de puissance organisée.

Déclamation d'un message de résistance. Qui porte sur la nécessité de s'unir, de se regrouper. Front commun de l'anarchie.

Fond du propos peu compris. Mais fascination immédiate, viscérale. Séduction de la forme. Découverte d'une possibilité d'action subversive, de délinquance juste. Envie irrépressible de jouer à la guérilla urbaine.

Intervention militante terminée. Rapidement. Sans avertissement. Les orateurs masqués se fondent dans la foule. Sèment derrière eux des poignées de tracts.

S'en saisir.

Initier le contact.

Rejoindre.

REVENIR

Trou noir. Désolation.

Retour souhaité à la zone d'affrontements. Par une voie inattendue. Une perspective inédite. Trouver le point faible de la structure.

Plan incliné à l'écart. Abrupt, mais pas tout à fait vertical. Surface granuleuse, creusée de légères aspérités. Autant de prises potentielles.

Escalade lente, laborieuse. Progresser membre par membre. Se voir constamment écartelé. Posture du crabe ou de l'araignée.

Improbables touffes de verdure, qui saillissent çà et là, au hasard des fissures de la roche. Organicité têtue, biologie triomphante.

Plateaux providentiels, prétextes à une pause, à un répit. À une atténuation momentanée de la tension.

Beauté sauvage de la nuit qui s'impose avec force. Impression en décalage total avec tout le reste.

Reprise de l'ascension. Position de plus en plus précaire. S'observer du coin de l'œil. Avec une certaine méfiance. La chute d'un grimpeur risque d'entraîner celle des autres.

Atteinte du sommet. Une saillie bloque le passage de son aspérité convexe. Dure manœuvre à venir. Ne surtout pas glisser.

S'accrocher. Franchir le dernier obstacle. Se trouver momentanément en position de déséquilibre complet. Et donc de risque accru.

Se hausser, se propulser. Accéder enfin au faîte.

Se laisser mollement retomber sur la crête de pierre. Torpeur subite. Relâchement musculaire total.

DÉPLOIEMENT DE TROUPES

Mission dissuasive dans une autre localité. Frappe contre une milice totalitaire qui tient le haut du pavé.

Déploiement dans un véhicule de transport collectif. Vieil autobus dont l'apparence décrépite peut évoquer une ruse d'infiltration. Cheval de Troie mécanique.

Ambiance festive dès le départ. Plaisir d'être en groupe. Sentiment de force. Et, surtout, conviction de se trouver du côté des justes.

Rapidement, des bouteilles circulent. Généralement de l'alcool à bon marché. Qui brûle la gorge et bousille l'estomac. Les rires se font gras, bruyants. On s'interpelle d'un bout à l'autre de l'autobus. Arrêts fréquents en bord de route pour se soulager collectivement la vessie.

La noble troupe sombre déjà dans le débraillé.

Mais le but est encore loin. On rembarque tant bien que mal. Et le cirque repart de plus belle.

Pause dans une halte routière. Les esprits éméchés oublient toute conscience civique. Profitent du personnel débordé pour rafler ce qui tombe sous la main.

Retraite protégée par l'anonymat que confère le groupe. Conviction qu'il s'agit là d'un acte de réappropriation individuelle, de lutte contre l'oppression économique.

Le souci de justice est déjà loin.

Tous de nouveau à bord. Le chahut s'amplifie. Alcool à profusion, nourriture insuffisante, musique de combat à plein volume, impatience d'arriver à destination. Dynamique de causes et d'effets croisés qui tourne en boucle.

La bonne humeur du début cède le pas à une violence latente. À une forme d'agressivité sourde. Inexorablement.

Quelques heures plus tard, une horde déchaînée, pressée d'en découdre avec un ennemi potentiel, débarque dans les rues de la vieille ville.

FAILLIR

Ivresse des sommets. Pierre de taille du mur de garde qui roule sous le pas. Légère brise dont le souffle frais éveille et vivifie.

Profiter de la position de surplomb pour épier les environs.

Au pied des remparts, une figure solitaire s'agite. Apparemment pas un représentant de l'ordre. Plutôt un passant. Isolé. Attardé.

Tentation puérile de lui faire peur. De pilonner les voitures autour de lui. Pour troubler sa quiétude. Observer sa réaction.

Petit projectile lancé en chandelle, avec l'idée de viser à côté, pour l'esbroufe, mais qui semble attiré par sa non-cible, dangereusement. Tête chercheuse inconsciente et bornée.

Ironie de la situation. Quand on veut délibérément rater, on met dans le mille.

Horreur croissante. Le tracé de l'engin se rapproche de plus en plus de la victime innocente.

Détourner les yeux. Être incapable de supporter le spectacle.

Bruit mat. Choc assourdi.

Regards mutuels. Sensation de dégoût.

Fuite sauvage, éperdue.

BAPTÊME DU FEU

Confrontation au détour d'un coin de rue. Deux bandes en présence. Tout le monde se fige.

Ceux d'en face sont en infériorité numérique. Le constatent. Renoncent. Rompent les rangs. Fuient dans tous les sens.

Course-poursuite au hasard des ruelles tortueuses de la vieille ville.

Les fuyards ont l'avantage du terrain. Qui monte, descend, tourne, se divise, n'aboutit pourtant à rien, fait revenir sur ses pas. La plupart en profitent pour s'échapper.

Les poursuivants se retrouvent, dépités, essoufflés, enragés, à leur point de départ.

Reste toutefois un individu du camp opposé, plus lent, moins habile, qui cavale au loin. La meute, échaudée par son échec initial, se lance à sa poursuite.

Les déboires antérieurs ont permis une reconnaissance des lieux. Le groupe se scinde. Fait usage de stratégie. Prépare une souricière.

Carrefour en pente. Aux issues bloquées.

Le fugitif est coincé de toutes parts. Se fait bousculer. S'écroule par terre. Sur les gros pavés. Ne se relève pas. Sourires cruels des vainqueurs.

Croiser soudain son regard. Expression de terreur. De bête traquée.

Sentiment subit d'avoir insidieusement changé de camp. De se comporter comme les forces de l'ordre. Comme une troupe d'occupation.

Plus aucune trace d'éthique, d'idéal ou de bon droit. Ne restent que l'intimidation, la violence physique.

Se détourner, dépité.

Ne pas vouloir assister à la suite. Ne pas pour autant tenter d'en empêcher le cours prévisible, inévitable.

Partir à pas lents.

Seul.

PASSAGE À VIDE (II)

Nuit d'été sur la montagne. Obscurité quasi totale. Les choses habituellement familières se font étranges. Inquiétantes.

Lune qui se reflète vaguement sur la poussière grise du chemin. Horizon immédiat constitué d'arbres d'une opacité totale. Ciel dégagé, constellé de quelques étoiles, dont les ténèbres paraissent plus diffuses, moins immédiates que le reste.

L'univers se décline en tons de noir. Chromatisme limité et pessimiste.

Subtilité paradoxale d'un tel décor. Surprise de déceler autant de nuances dans l'absence de lumière et de couleur.

En contrebas, la ville scintille de lueurs rassu-rantes. Feux de position pour maintenir le cap dans la traversée nocturne.

Sentiment étrange de se trouver à la fois en plein néant et au cœur d'une agglomération urbaine. Décalage accentué par la proximité des promontoires et la cime des gratte-ciel.

Jubilation puérile de dominer la ville d'un pic naturel, primitif.

En surplomb, la croix illuminée bénit l'entièreté de la scène de son symbolisme dépassé. Relique d'une époque où la croyance s'érigeait en absolu. Justifiait les actions commises en son nom. Et leurs conséquences.

Hérésie momentanée de se voir soi-même en Christ électrique, cloué en pleine lumière par des rivets d'acier, pour expier ses fautes et celles des autres.

Mais c'est encore l'exaltation qui se manifeste. Même la contrition se doit d'être spectaculaire.

Un détour par le cimetière, encore plus obscur et plus mélancolique que le reste, coupe court à tout fantasme de rédemption exemplaire.

Au loin, le soleil entame son lever. Le ciel, puis l'ensemble du décor, change graduellement de propriétés.

L'angoisse, lentement, se dissipe.

VII

LANGUIR

Errer en bande dans les rues désertes. Être complètement exposé, vulnérable. Mais en même temps coupé de tout.

Asphalte noir et humide qui brille légèrement. Arbres qui ondulent autour des réverbères. Feuilles nimbées de lumière blanche et crue. Frémissement. Diffraction de l'éclat. Étrange halo absinthe.

Plage de répit. Sensation de bien-être et de désengagement total.

Progression au hasard. Sans but. Vers le rien. Un mouvement qui vaut pour lui-même.

Groupe silencieux.

Le bruit étouffé des pas prend une ampleur insoupçonnée. Manifeste la présence. Mais aussi, dans sa résonance disproportionnée, exacerbe le vide des lieux traversés.

Moment hors du temps.

APPAREIL RÉVOLUTIONNAIRE

Se réunir. Régulièrement.

Local exigu au centre-ville. À l'étage d'un bar alternatif.

Murs de béton, porte en acier, odeur générale de moisi. Fûts de bière vides comme seul mobilier.

Dans la rue, juste en bas, mendiants, junkies, prostituées… Bunker décrépit pour se couper d'un monde plus usé encore.

Ambiance de QG de campagne et de meeting politique.

Occasion pour les anciens de pérorer, de se mettre en valeur. Pour les nouvelles recrues, d'en rajouter, de se faire remarquer. Pour les habitués, de feindre un détachement qu'ils ne possèdent peut-être pas encore.

Prise de parole. Orateurs désignés. À tour de rôle… Ordre du jour. Nouvelles. Projets. Conseils pratiques.

Pensée toute faite. Occasion de confirmer une vision du monde. De motiver les troupes.

Récits de combats. Blessures ostentatoires. Exploits et faits d'armes. Spectaculaires. Répétitifs.

Impression de procédure anonyme. De discipline innée. De hiérarchie implicite… Mais aussi de suffisance, de fatuité.

S'enfoncer doucement dans l'ennui.

L'institution vient tout figer. Même la violence.

CROUPIR

Tourner en rond. Ne plus trop savoir quoi faire. Quoi casser.

Apercevoir une bouteille qui traîne par terre. En tirer une idée : un cocktail Molotov !

Récupérer un bout de boyau sur un chantier de construction, pas loin. Repérer une auto stationnée. Siphonner précautionneusement l'essence nécessaire.

Goût immonde, décapant, du liquide qui entre en contact avec la bouche. Momentanément. Malgré les précautions… Odeur inspirante, toutefois. Enivrante.

Ne pas oser tester l'engin à découvert.

Se rendre dans un tunnel à la voûte de vieilles pierres. Obscurité cafardeuse qui donnera à l'éclat un maximum d'intensité.

Insérer délicatement une bande de tissu dans le goulot. Bien imbiber du contenu.

Allumer la mèche et, immédiatement, lancer.

Contre une paroi.

Tintement sonore du verre. Nuage soudain de feu. Vivant, souple, agile. Aspiration goulue de l'espace par le brasier qui s'éveille.

Le passage souterrain luit comme en plein jour.

Émerveillement généralisé. Regards rieurs et complices.

Mais déjà, faute de combustible, la force des flammes s'atténue. Les yeux ont à peine le temps de s'habituer à nouveau aux ténèbres. Tout est terminé.

Excitation éphémère, plaisir momentané.

Repartir en quête.

TRANSFUGES

Sentir parfois la tentation de changer de camp. Par pure provocation. Envie futile de traîtrise. Besoin de manifester son indépendance, son individualité. Sans pour autant passer à l'acte.

Quelques-uns pourtant le font.

Certains, une seule fois. Définitivement happés par un groupe étranger. Par les forces du Mal. Ou, à l'inverse, soucieux de rédemption, venant rejoindre les combattants du Bien.

Mais d'autres, à répétition, oscillent. D'une faction à une autre. Rompent régulièrement les rangs. En quête de nouvelles appartenances.

Réapparaissent en adversaires. Pour des combats de rue. Jusque-là des alliés, pourtant. Des camarades.

Paradoxe d'une lutte de clans censée anonyme. Contre des êtres connus. Déjà fréquentés. Maintenant à rouer de coups. À blesser. Pour laisser sa marque.

À la longue, l'accumulation des transfuges brouille le jeu.

Impression pernicieuse que la cause n'est plus qu'un échiquier flou. Aux pions interchangeables.

Seule compte la règle de la force, de la sauvagerie. Commun dénominateur quand tout le reste se dilue.

ENCHÉRIR

Fil de fer tendu dans la nuit. Au travers d'une voie empruntée par les véhicules de patrouille. Entraver la ronde. Bloquer spectaculairement le chemin de garde.

Se disperser dans les anfractuosités du terrain. Attendre.

Le câble métallique luit sous la lune. Menace spectrale. Redoutable. Mais invisible de loin.

Phare unique à l'horizon. Est-ce possible ? Une moto ?

Consternation dans les rangs. Visions d'horreur qui surgissent. De corps désarticulés. De tripes répandues.

Que faire ? Désamorcer le piège ?

Trop tard…

Se révéler pour mettre la victime potentielle en garde ? Déjà certains se lèvent, agitent les bras.

Mais le phare se détourne de lui-même. S'égare sur une distante route secondaire. Fausse alerte.

Silence et obscurité. De nouveau.

Deux phares, cette fois. Clignotant. Au loin. Profil typique. Une voiture de surveillance.

Bruit du moteur qui croît. Fébrilité, expectative.

Les points lumineux se rapprochent, grossissent.

Gagnent en présence. En consistance.

Et plongent avec fracas contre le fil tendu.

Qui ne cède pas. Mais arrache la structure de métal à laquelle il était arrimé. L'entraîne à sa suite. Raclement inquiétant sur le bitume…

La rabat sur le véhicule. De plein fouet.

Gerbe d'étincelles. Choc sourd, profond. Crissement de la tôle froissée. Peinture rayée. Dérapage incontrôlé. Feux rouges et blancs projetés contre l'horizon. Aléatoirement.

Son et lumière *destroy*.

GUERRE D'USURE

Après-midi d'hiver. Neige légère. Sol humide et glissant.

Croiser par hasard des membres du clan ennemi. Dans un quartier tranquille. En comité réduit.

S'apercevoir. Se reconnaître. Se rapprocher.

Grelotter dans ses vêtements insuffisants pour le froid. Jouer les durs, néanmoins.

Se fixer. Se toiser. S'envoyer des menaces.

Nœud de tension au sein d'un univers blanc.

Passants qui déambulent de part et d'autre. Qui demeurent étrangers à la scène en train de se jouer. Habitants d'un autre monde.

Au final, affrontement différé.

Contexte trop improbable pour une action délinquante.

Partir, chacun de son côté, en tentant de sauver l'honneur.

Ne pas pouvoir s'empêcher de jeter un coup d'œil par-dessus son épaule. Pour s'assurer de ne pas être suivi.

Se sentir néanmoins étrangement confirmé dans sa fonction de partisan.

Chaque camp exige l'autre. Ne peut se définir qu'en fonction de lui. Paradoxal ballet. Mouvement perpétuel de haine.

Et la neige continue de tomber.

MÉTACHAOS (III)

La violence peut se figer en un rituel paradoxal.

La réaction spontanée à une situation de conflit est l'émulation de gestes et d'attitudes observés dans des occasions similaires. De la même manière, la façon intuitive de marquer son appartenance à une forme de sédition est d'en reprendre, en solidarité, les codes et les slogans. Se dégage ainsi un étrange cérémonial, avec ses rites, ses incantations et ses parures.

Cet effet de tribu coalise en premier lieu contre le monde extérieur. Par son action, par sa parole et son apparence, il s'agit de marquer les esprits, d'imposer l'idée d'une existence autre. Pareille attitude peut toutefois rapidement dégénérer en mépris envers une masse supposée asservie… laquelle pourra en venir à être la cible indirecte d'actions pourtant entreprises en vue de l'éveiller, de la conscientiser.

Ce néo-tribalisme entraîne également une escalade dans la recherche de pureté. Les apprentis guerriers vont ainsi cumuler les faits d'armes. Moins pour eux-mêmes, dans l'optique d'une libération personnelle, que pour imposer leur ascendant à leurs semblables. Le combattant authentique sera celui qui ira le plus loin, qui se démarquera avec le plus d'éclat du commun.

La violence devient ainsi un absolu. Le geste brutal, si codifié soit-il, introduit de l'irrémédiable. Il brise le relativisme ambiant et marque une rupture, souvent définitive, dans le cours des choses.

Tout se ramène alors à l'invocation d'une force obscure, à une volonté de la faire apparaître et se manifester par une action rituelle. Les acteurs de cette étrange cérémonie tendent à exacerber la puissance ainsi convoquée, à la déployer avec un maximum d'influence et de nocivité.

Pareille énergie négative se révèle bien évidemment difficile à contrôler. Elle se retourne fréquemment contre qui la manie. D'où le nihilisme propre à ces célébrations du rien.

La violence est une fête sauvage. Une célébration des pulsions sombres de la vie. Invariablement, elle tourne mal.

VIII

S'ENGLOUTIR

Sirènes au loin. Renforts qui affluent. Seul refuge immédiat, un parking souterrain. S'y engouffrer d'un commun élan. Fuir à toutes jambes.

Oppressante construction aux relents de bunker. Articulée autour d'une voie d'accès ovoïde. Aux extrémités des étages, des rampes permettent de transiter d'un niveau à l'autre. Aucun mur intérieur. Que des piliers de soubassement à intervalles réguliers.

Au milieu de la structure, une béance révèle l'enfilade des planchers inférieurs. Perspective qui paraît fuir à l'infini. Engouffrement dans le même. Abîme.

Une voiture de patrouille est témoin de l'esquive. Elle s'engage en poursuite. Masse stridente de métal et de lumière lancée à pleine vitesse. Rapport de force inégal.

Avantage initial qui se réduit. Fuite apparemment inutile. Moment de panique.

Illumination tactique. Plonger jusqu'au fond de l'édifice. Profiter des interstices structurels pour sauter d'un plateau à l'autre, d'un niveau à l'autre. La voiture, elle, doit obligatoirement emprunter les rampes, en périphérie des étages.

Fuir par le centre. Et non via les marges. Une première.

Chaque étape implique de franchir un vide à la profondeur vertigineuse. Ne pas y penser. Bondir. Se rétablir. Se projeter à nouveau, en sens inverse, au-dessus du gouffre. Et ainsi, progressivement, s'enfoncer dans les entrailles de l'immeuble.

Excitation de la poursuite mêlée à la frayeur de la chute possible.

La tension maintient les sens en éveil. Perception accrue, étouffante, de l'environnement immédiat. Chaleur artificielle des relents de gaz d'échappement. Taches huileuses qui émaillent le sol de reflets mats. Désolation des murs de béton… Leur squelette métallique qui affleure par endroits.

Insignifiance du parapet au seuil du rien. Le franchir chaque fois. Sauter. Se recevoir. Recommencer.

Technique qui s'avère efficace. La voiture, toujours lancée à plein gaz, se voit progressivement reléguée aux niveaux supérieurs. Le crissement des pneus, le grondement des accélérations brusques semblent de plus en plus distants.

Tout au fond du puits de béton, une petite porte.

Y tendre désespérément. S'y engouffrer.

Se retrouver, contre toute attente, à l'extérieur. Dans le vide le plus total. L'obscurité la plus complète. Avec toutefois la menace que les poursuivants s'accrochent. Persévèrent.

Devoir aller de l'avant.

DERRIÈRE LES LIGNES ENNEMIES

Incursion en territoire hostile. Moins par bravade que par inconscience. Mauvaise reconnaissance des lieux.

Soirée d'été. Fraîcheur reposante. Bière et musique. S'oublier momentanément.

Se faire repérer, débusquer.

Maladresse de l'ennemi qui s'excite et pointe du doigt plutôt qu'attaquer par surprise.

Revenir instantanément à soi.

Prendre conscience du danger.

Profiter du moment de flottement.

Fuir.

Détaler en bande dans les rues noires.

Sensation de menace. Bien plus prégnante que lors des confrontations avec les forces de l'ordre.

Nécessité de s'extraire d'un espace dont on ne connaît pas les règles. D'atteindre un terrain neutre. De se mettre hors de portée.

Atmosphère pourtant idyllique. Légère brise. Bien-être du soir.

Et deux factions opposées qui cavalent. À fond de train.

Entendre des cris de plus en plus perçants. Sentir que la horde de poursuivants prend de l'ampleur. Ne pas oser se retourner. Ne surtout pas perdre de vitesse.

Secteur neutre à l'horizon. Lumières. Animation. Sécurité.

Percevoir soudain une absence. Compagnon de déroute happé par la meute.

Faire demi-tour. Ne même pas chercher à combattre. Infériorité numérique trop patente.

Arracher la proie à ses prédateurs qui déjà l'assaillent, l'écartèlent.

Prendre des coups au passage. Mais qui ne portent pas. Enfin, pas toujours. Des coups sans élan, au jugé. À cause du chaos des corps emmêlés.

Repartir de plus belle.

Constater une étrange division des rôles. Les garçons se pourchassent entre eux, les filles aussi. Paradoxale codification au sein du chaos.

Mais surtout, courir.

Encore.

Toujours.

Atteindre enfin la zone franche.

Respirer. Se ressaisir.

Être bien conscient d'avoir failli y rester.

ADVENIR

Être littéralement au milieu de nulle part.

Comprendre que le garage est bâti sur une dénivellation abrupte de terrain. Que sa brusque traversée par le bas équivaut, dans l'espace, à une chute des remparts.

Voir des lumières briller au loin. Déceler toutefois une masse de végétation et de noirceur qui en sépare. Se résigner à affronter l'obstacle.

Traversée à l'origine agréable. Caractère paisible de la nature. Surtout la nuit. Absence, en outre, de poursuivants. Et de possibilités de se faire repérer.

Humidité ambiante qui accentue les odeurs, en exacerbe le lourd parfum. Fragrances de terre, d'écorce, d'herbe. Vagues relents de pourriture, de décomposition.

Le caractère inexorable de l'obscurité se manifeste progressivement, insidieusement. Sentiment d'isolement total, de solitude extrême. Même en groupe.

Mais, alors que croît l'impression d'être seul au monde, s'impose le constat alarmant de ne l'être pas. Perception inquiète de petits bruits. Certains éphémères, d'autres prolongés, lancinants… Impression de mouvements furtifs. D'ombres mobiles. De lueurs évanescentes.

Montée progressive de l'angoisse.

Aucune menace tangible, pourtant. Seule une présence diffuse qui rappelle l'incongruité de la situation. D'avoir naïvement investi un territoire moins hostile qu'indifférent. Qui persiste à se manifester, à exister, en dépit de l'intrusion.

Les lueurs à l'horizon gagnent heureusement en présence. En densité. Afflux bienvenu de courage. L'épreuve tire à sa fin.

Orée du bois. Structures de béton et de métal. Soulagement.

Ne pas pour autant admettre le moment de faiblesse vécu. Convertir sa peur en ressentiment. En colère.

Urgence de se livrer à l'assaut final.

DOMMAGE COLLATÉRAL

Fin d'une soirée jusque-là sans histoire.

Entrée d'un restaurant ouvert toute la nuit. Refuge temporaire des paumés de la ville.

Voir un homme se faire battre par un autre. Violemment.

Ne pas savoir ce qui a précédé. Ne pas connaître les raisons ou le contexte. Être seulement le témoin d'un déchaînement de violence.

Voir la victime rouler par terre. Voir l'autre continuer à la battre, à la rouer de coups de pied.

Entendre clairement, nettement le bruit des impacts. Sentir chacun des coups résonner au travers de son propre corps.

En avoir l'estomac serré. En être ébranlé, révulsé.

Ne pas pouvoir ou savoir s'interposer. Se détourner. Une fois de plus.

Repartir seul. Marqué.

PASSAGE À VIDE (III)

Sortie des bars, rue principale. Canicule.

Attroupements momentanés, rapidement dispersés. Ne reste bientôt plus que les laissés-pour-compte.

Rancuniers solitaires qui s'épient, s'observent. Montée de tension.

Se provoquent, s'injurient. Menace latente.

S'empoignent, se querellent. Abcès qui crève.

Un peu partout, sur le trottoir, des bagarres éclatent. Illusion d'une immense bataille rangée.

Mais il n'y a pas de cause, pas de camps, pas de clans. Que de l'agressivité pure. Que de la violence gratuite, spontanée.

Étrangeté fondamentale de la scène dans une avenue chic. Observer le tout avec crainte et stupéfaction.

Décor habituellement privilégié qui a fermé ses portes pour la nuit. Ses figurants, livrés à eux-mêmes, manifestement pour le pire.

Il y a une heure à peine, ils jouaient encore le jeu des codes. Des conventions sociales. Mais désormais, privés de la structure qui les maintenait en place, ils dérapent.

L'endroit lui-même demeure pourtant inchangé. Vitrines rutilantes et enseignes tape-à-l'œil. Pseudo-sophistication et paraître exacerbé. Le commerce et le divertissement ont vomi leur trop-plein et laissent les glaires s'agiter dans le caniveau.

Tenter avec appréhension de traverser la masse déchaînée pour quitter les lieux. Constater avec étonnement l'indifférence générale par rapport à sa personne.

Fendre le flot des bagarres sans jamais se faire happer par leur mouvement. Demeurer, presque malgré soi, étranger à l'action. Complètement.

Avoir l'impression d'être invisible au sein d'un chaos par ailleurs dénué de sens. Se sentir radicalement extérieur, décalé.

Prendre acte du fait que la violence se poursuit, mais sans soi. Impression d'avoir été largué en route.

Curieuse sensation, à la fois de soulagement et de dépit.

La croix sur la montagne brille, imperturbable, au loin.

IX

EN FINIR (I)

Animation au loin sur un toit. Vagues échos de conversations et de musique de chambre. Vaste superficie occupée, événement d'envergure. Apparente réception privée. Sur invitation. Triée sur le volet.

Cible parfaite.

Accéder par les hauteurs. Mais à distance. Se donner les moyens d'approcher sans être immédiatement perçu.

Profiter d'un vieil escalier de secours. Ajout anachronique et maladroit aux pierres massives de l'édifice. Structure rouillée, brinquebalante, dont certaines fixations au mur sont désormais effritées. Risque de bruit. De révéler ainsi sa présence. Mais aussi d'effondrement.

Ultime étape de l'ascension. Une simple échelle, branlante, instable. S'y engager. En s'interdisant formellement de regarder vers le bas. En luttant impérieusement contre son instinct de survie. Réussir ainsi à progresser.

Prendre pied sur la corniche.

Bref répit.

Se rendre compte que l'escalier mène à une portion de toit isolée. Coupée du reste par une construction en retrait… Impasse. Cul-de-sac.

Consternation.

Tenter de traverser les murs, de pénétrer par le grenier. Défoncer une vieille porte vermoulue. S'efforcer de ne pas trop faire de vacarme. Accéder à un espace obscur, qui sent le renfermé. Bois humide, moisi. Laine minérale à profusion. Colonies d'insectes. Déjections de volatiles. Endroit manifestement délaissé depuis des années.

Traverser néanmoins. En dépit du dégoût que le lieu inspire. Dans la direction supposée de la fête.

Faire rapidement face à une autre paroi. Tâtonner un moment. Sentir le contour d'une porte. Réussir à la déverrouiller. À l'ouvrir. Sans trop d'éclat, cette fois.

Déboucher sur un vaste toit.

Profiter quelques instants de l'air non vicié. De la vue panoramique. Des beaux quartiers, en bas. De l'impression de calme dégagée par la nuit.

Se concentrer sur les lueurs et les échos feutrés de la réception. À une faible distance.

Continuer.

L'APRÈS (I)

Des années plus tard, s'étonner d'avoir émergé plus ou moins indemne de l'aventure.

Penser à tous ceux qui, d'une manière ou d'une autre, en sont restés marqués physiquement.

Fractures. Brûlures. Traumatismes divers.

Mobilité réduite. Défiguration partielle. Troubles de la mémoire. Difficultés d'élocution.

Contempler ses propres cicatrices. Tâter ses points sensibles.

Constater, comme toujours, leur caractère bénin.

Rendre un hommage muet à ces amis, proches et lointains, intimes ou disparus, qui doivent encore vivre avec des séquelles.

Pour soi, les choses auraient pu être bien pires. Ne jamais le perdre de vue.

Telle chute, moins bien amortie, aurait pu mener à des fractures multiples. Voire à une paralysie.

Tel éclat, moins bien paré, aurait pu causer la perte d'un œil.

Telle manœuvre, moins rondement assurée, aurait pu avoir une issue fatale.

Prendre acte du fait que le cours normal – non entravé – d'une vie se réduit parfois à bien peu de chose.

Être mû par un sentiment de survivant. Mélange de reconnaissance et de culpabilité.

Et demeurer ambivalent quant à sa capacité d'esquive.

Avoir toujours su se faufiler.

Avoir frôlé le danger, mais sans en payer le prix.

Et mener désormais une existence banale.

Ordinaire.

EN FINIR (II)

Évoluer lentement sur les toits. Se disperser. Progresser chacun de son côté.

Éviter les surfaces boursouflées. Ou renfoncées. Qui risquent de céder sous le poids. Contourner les puits de lumière. Se prévenir des corniches trop exposées, à découvert.

Rechercher les cheminées, les structures d'accès, l'impressionnante machinerie qui surgit un peu partout sur le sommet. Filer de point en point, de planque en planque. En demeurant toujours à l'abri des regards.

Avancer caché.

Atteindre la terrasse où se donne la fête. D'une position de surplomb. Observer un moment.

Smokings, robes de soirée, accessoires. Couperose, rides, obésité. Champagne, bouchées, serveurs.

Clinquant qui se veut sophistiqué. Autosatisfaction non contestée. Intolérable vulgarité de l'ensemble.

Éclairs au loin. Orage qui gronde. Décor idéal de fin.

Vouloir frapper un grand coup. Détruire, apeurer, humilier. Bien marquer les esprits. Gâcher mémorablement la soirée.

S'approcher. Masqué. Miser sur l'effet de surprise. Sur l'apparence guerrière.

Vouloir donner l'exemple. Mener la charge. Sauter.

Tonnerre qui gronde. Bande sonore adéquate.

Mal calculer son élan. Atterrir trop près du bord. En position précaire.

Stupéfaction des convives. Silence soudain. Entrée négative réussie.

Pluie qui se déclenche. Froide. Aveuglante. Torrentielle.

Reflux de l'assistance. Précipitation du service de sécurité.

Vouloir se rétablir, pour faire face. Perdre l'équilibre.

Glisser.

Tomber.

Chuter.

Sous le regard consterné de ses camarades de combat.

Alors que le ciel s'illumine violemment et crache sa hargne.

L'APRÈS (II)

Bien plus tard encore, se demander si le combat en valait la peine.

Reconnaître encore et toujours la justesse de la cause. La nécessité de s'y consacrer. Mais douter des moyens déployés pour la défendre. Et plus encore de la mutation de la violence résistante en ce qu'elle voulait combattre.

Se surprendre, rétrospectivement, d'avoir pu tant croire. Tenter de ramener le phénomène à des explications. Psychologiques. Sociologiques. Axiologiques. Nécessité de balises. Besoin d'un projet fédérateur. Aspiration à tendre vers un idéal.

S'efforcer ainsi de justifier à rebours son propre cynisme grandissant. Et paralysant.

Sentir pourtant encore la violence bouillonner en soi. Craindre même qu'une telle force négative, toujours intacte, en vienne à ronger de l'intérieur le corps qui la contient. Mais n'avoir pas forcément la capacité d'en tirer quelque chose.

Et, surtout, savoir désormais que la colère pure, sans but et sans enracinement, ouvre la voie à toutes les dérives.

S'étonner de ses souvenirs. D'ainsi avoir été. Ne pas toujours se reconnaître dans son incarnation passée. Mais ne pas pour autant renier sa rage d'antan.

Tenter plutôt de se libérer de sa part maudite. De se la réapproprier. De détourner sa charge négative vers d'autres formes d'intervention. Voir dans sa fureur une force à harnacher. À canaliser. Pour éventuellement catalyser le présent.

Se savoir toutefois incapable de livrer le moindre combat. Pour l'instant. Ne plus lutter que pour soi-même, pour sa survie psychique. Ne pas y voir une forme d'égoïsme. Une étape, plutôt. Nécessaire. De reconstruction.

Éviter cependant la complaisance de l'effondrement. Mais apprendre à récupérer. À mettre à profit les énergies vitales qu'une telle dévastation intime a eu pour effet de libérer, de mettre à nu.

Voir l'après comme un point de départ.

Fuir. Comme toujours. Mais pour aller de l'avant.

S'arracher à l'impasse nihiliste, mortifère.

Perpétuer l'intensité.

MÉTACHAOS (IV)

La violence est une fulgurance, une dynamique d'autoconsumation.

Au mieux, elle alimente une riposte ponctuelle, délimite un espace ténu de liberté, pour ensuite se dissoudre dans l'ennui et la banalité.

Au pire, elle en vient à reproduire ce qu'elle prétendait combattre. Et se retourne contre qui la manie. Puissance éphémère, puissance délétère. Émancipatrice et aliénante.

Cet éclat à la fois inspirant et ténébreux confère à la violence une dimension esthétique ambiguë.

La surenchère des actions spectaculaires – et l'inévitable codification des moyens convoqués à cet effet – trahissent le caractère hautement allégorique de l'agitation urbaine. Elles en font une forme d'expression à part entière. Les revendications et les causes s'effacent au profit des images créées. Seule perdure l'impression forte d'un monde qui se fissure de l'intérieur.

Cette vision plastique du phénomène invite à le transposer dans l'imaginaire. Tout aspect déplaisant du quotidien se voit dès lors soumis à une destruction fantasmée. On supporte d'autant mieux le réel ambiant qu'on l'annihile en pensée. Mais c'est là un aveu fondamental de faiblesse et d'impuissance, source première de bien des débordements.

En résulte une perception tordue, une sensibilité décalée.

Les romantiques se complaisaient dans le spectacle d'une nature déchaînée, source à la fois de terreur et d'élévation. Le dépassement auquel invite le sublime contemporain réside plutôt dans la contemplation d'une violence – réelle ou chimérique – qu'on aura soi-même déclenchée.

MOURIR

Méditer sa chute.

Ce qu'on aurait pu être, ce qu'on a été.

Se réjouir éventuellement des renoncements auxquels on aura échappé.

Sortir momentanément de soi pour faire le bilan de ses échecs.

Jeter un regard étonné aux gouttes de pluie, apparemment immobiles, rattrapées puis dépassées dans sa brutale plongée vers le bas.

Contempler avec effroi la perspective inversée des immeubles. En être désormais le point de fuite.

S'étonner de ne coïncider avec rien. Pas même avec l'idée de sa propre mort.

Rater encore et toujours.

Rater faute de mieux.

TABLE DES MATIÈRES

I

Sortir 11

Errances urbaines 13

Agir 15

Le parc des suicidés 17

Métachaos (I) 20

II

Travestir 25

Missions de reconnaissance 27

Découvrir 29

Dans l'arène 31

Passage à vide (I) 33

III

Éblouir 39

Frappe ponctuelle 41

Assaillir 43

La répression à venir 46

Métachaos (II) 49

IV

Détruire (I) 55

Pousse-au-crime 57

Détruire (II) 61

Perte de soi 63

Éconduire 64

V

Point de fuite 69

VI

Courir 81

Épiphanie délinquante 83

Revenir 85

Déploiement de troupes 87

Faillir 89

Baptême du feu 91

Passage à vide (II) 93

VII

Languir 97

Appareil révolutionnaire 99

Croupir 101

Transfuges 103

Enchérir 105

Guerre d'usure 107

Métachaos (III) 109

VIII

S'engloutir 113

Derrière les lignes ennemies 116

Advenir 119

Dommage collatéral 121

Passage à vide (III) 123

IX

En finir (I) 129

L'après (I) 132

En finir (II) 134

L'après (II) 137

Métachaos (IV) 140

X

Mourir 145

Dans la même collection

Fredric Gary Comeau, *Vertiges*.

Suivez-nous :

Achevé d'imprimer en septembre deux mille treize
sur les presses de l'imprimerie Lebonfon,
Val-d'Or, Québec